Einstern

leicht gemacht

1

Themenheft 2

⭐ Rechnen bis 10 ⭐ Lagebeziehungen
⭐ Linien und Figuren zeichnen ⭐ Körper

Erarbeitet von Roland Bauer und Jutta Maurach

In Zusammenarbeit mit der Redaktion Mathematik Grundschule

Inhaltsverzeichnis

1

★ **SF:** Grundsituationen der Addition im Bild finden und beschreiben
★ **SF:** weitere Situationen aus dem eigenen Alltag beschreiben

> 3 *plus* 2
> *ist gleich* 5.

1

__4__ plus __2__ ist gleich __6__ .

4	+	2	=	6

__2__ plus __1__ ist gleich ____ .

	+		=	

__2__ plus __3__ ist gleich ____ .

	+		=	

__3__ plus __2__ ist gleich ____ .

	+		=	

1

2

★ **SF:** Handlungen in Bildsituationen beschreiben
★ Bildsituationen in Punktebilder am Zehnerfeld übertragen
★ zu vorgegebenem Punktebild Handlung finden und zeichnen

1

$$4 + 3 = 7$$

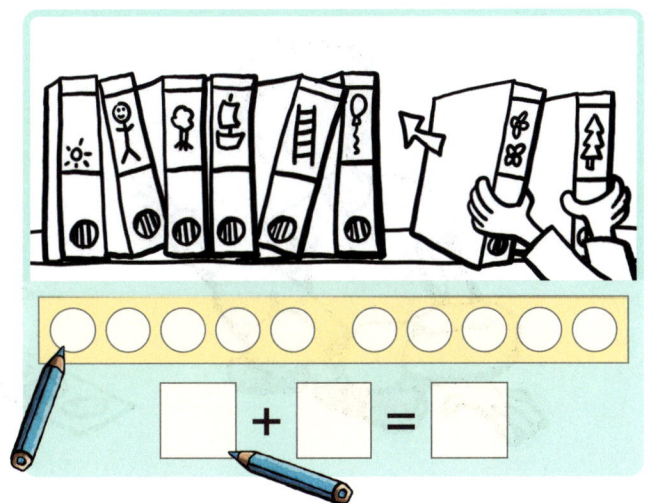

$$\square + \square = \square$$

$$\square + \square = \square$$

$$\square + \square = \square$$

2

$$3 + 2 = \square$$

★ **SF:** abgebildete Vorgänge beschreiben
★ Bildsituationen in Punktebilder und Plusaufgaben übertragen
★ zu vorgegebenem Punktebild und vorgegebener Plusaufgabe Vorgang finden und zeichnen

7

4 + 3 = 7

1 + ☐ = ☐

☐ + ☐ = ☐

☐ + ☐ = ☐

☐ + ☐ = ☐

☐ + ☐ = ☐

☐ + ☐ = ☐

☐ + ☐ = ☐

 B ÜH 12

★ mit einem Partnerkind Plusaufgaben legen und lösen
★ vorgegebene Punktebilder in Plusaufgaben übertragen

1   4 + 1 = ☐

1 + 2 = ☐

3 + 3 = ☐

2 + 2 = ☐

6 + 1 = ☐

7 + 2 = ☐

9 + 1 = ☐☐

3 + 5 = ☐

0 + 3 = ☐

5 + 1 = ☐

6 + 4 = ☐☐

★ Plusaufgaben in Punktebilder übertragen
★ Punktebilder als Lösungshilfe nutzen

1

2

3 + 2 = ☐

4 + 4 = ☐

3 + 7 = ☐☐

2 + 8 = ☐☐

4 + 5 = ☐

6 + 1 = ☐

6 + 3 = ☐

4 + 0 = ☐

1 + 9 = ☐☐

9 + 0 = ☐

8 + 2 = ☐☐

4 + 2 = ☐

2 + 2 = ☐

5 + 3 = ☐

6 + 4 = ☐☐

5 + 5 = ☐☐

2 + 1 = ☐

4 + 3 = ☐

3

★ Plusaufgaben mit Rechenkärtchen üben
★ Plusaufgaben lösen, ggf. Zehnerfeld und Plättchen nutzen
★ eigene Plusaufgaben finden

4

Bei einer **Zahlenmauer** rechne ich so: 4 + 3 = 7

5

6

7

3 + 7 = 1 0	4 + 6 =
2 + 6 = 8	8 + 1 =
7 + 2 =	3 + 4 =

★ Aufgaben in Zahlenmauern finden und lösen
★ Muster in Zahlenmauern entdecken
★ Hefteintrag üben, auf stellengerechte Schreibweise achten

ÜH 13   **11**

2

$5 + 1 = \boxed{6}$

$1 + 5 = \boxed{6}$

$5 + 3 = \boxed{}$

$3 + 5 = \boxed{}$

$2 + 2 = \boxed{}$

$2 + 2 = \boxed{}$

$5 + 0 = \boxed{}$

$0 + 5 = \boxed{}$

$7 + 3 = \boxed{}$

$3 + 7 = \boxed{}$

$8 + 2 = \boxed{}$

$2 + 8 = \boxed{}$

★ an Punktebildern Aufgaben und Tauschaufgaben erkennen
★ SF: den Begriff „Tauschaufgabe" verwenden

1

$3 + 1 = 4$

$1 + 3 = \square$

$2 + 1 = \square$

$\square + \square = \square$

$2 + 6 = \square$

$\square + \square = \square$

$0 + 7 = \square$

$\square + \square = \square$

2

$6 + 0 = 6$

$0 + 6 = 6$

$3 + 4 = \square$

$\square + \square = \square$

$3 + 5 = \square$

$\square + \square = \square$

$7 + 2 = \square$

$\square + \square = \square$

$1 + 8 = \square$

$\square + \square = \square$

$3 + 3 = \square$

$\square + \square = \square$

$2 + 5 = \square$

$\square + \square = \square$

$4 + 1 = \square$

$\square + \square = \square$

★ Tauschaufgaben finden
★ ggf. Zehnerfeld und Plättchen nutzen

*Zu jeder Plusaufgabe finde ich 4 **Nachbaraufgaben**.*

$3 + 2 = 5$

$4 + 1 = 5$

$4 + 2 = 6$

$5 + 2 = 7$

$4 + 3 = 7$

1

$5 + 3 = $ ☐

$6 + 2 = $ ☐

$6 + 3 = \quad 9$

$6 + 3 = \quad 9$

$7 + 3 = $ ☐☐

$6 + 4 = $ ☐☐

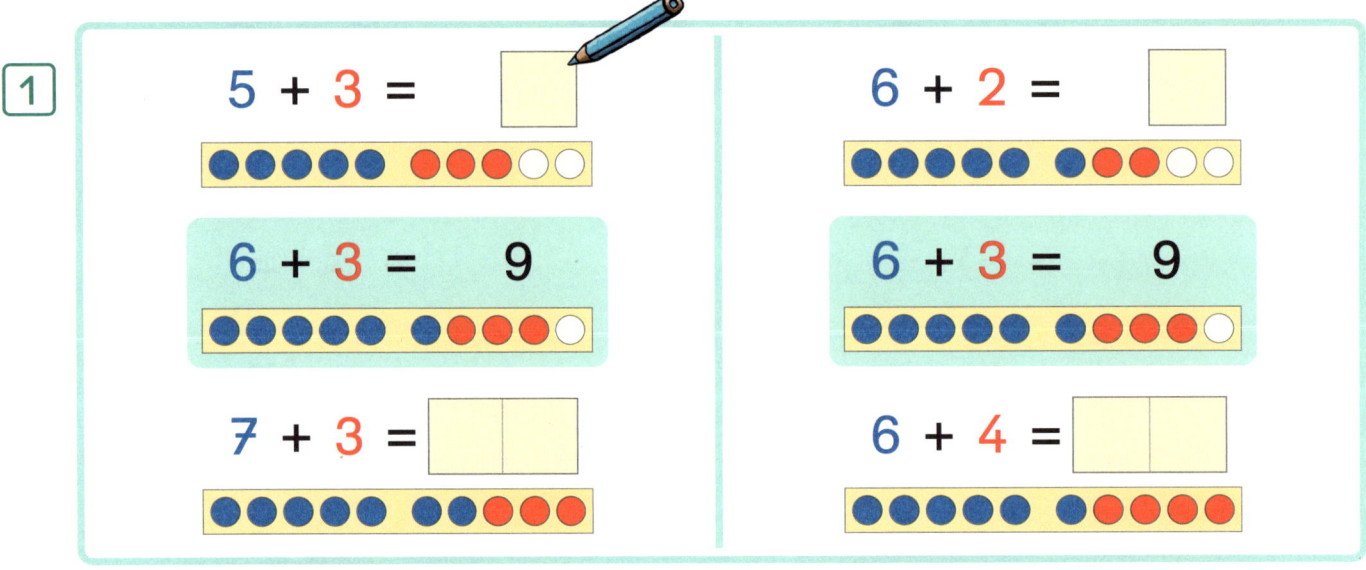

2

☐ $+$ ☐ $=$ ☐

☐ $+$ ☐ $=$ ☐

$4 + 4 = 8$

$4 + 4 = 8$

☐ $+$ ☐ $=$ ☐

☐ $+$ ☐ $=$ ☐

B

ÜH 15

★ **SF:** den Begriff „Nachbaraufgabe" verwenden
★ Nachbaraufgaben lösen ★ Strukturen von Nachbaraufgaben verstehen
★ ggf. Aufgaben mit Zehnerfeld und Plättchen legen

Hier kannst du etwas entdecken.

1

5 + 2 = ☐   4 + 3 = ☐

5 + 3 = ☐   4 + 4 = ☐

5 + 4 = ☐   4 + 5 = ☐

2

1 + 1 = ☐   4 + 2 = ☐

2 + 1 = ☐   5 + 2 = ☐

3 + 1 = ☐   6 + 2 = ☐

3

7 + 2 = ☐   3 + 5 = ☐

6 + 3 = ☐   2 + 6 = ☐

5 + 4 = ☐   1 + 7 = ☐

4

2 + 3 = ☐   3 + 3 = ☐

2 + 4 = ☐   4 + 3 = ☐

2 + 5 = ☐   5 + 3 = ☐

☐ + ☐ = ☐   ☐ + ☐ = ☐

★ Strukturen von Aufgabenreihen erkennen
★ Aufgabenreihen fortsetzen

1

5 plus 2 ist gleich 7.

$5 + \square = 7$ ist eine **Ergänzungsaufgabe**.

2

$2 + \boxed{3} = 5$

$4 + \square = 6$

$1 + \square = 5$

$4 + \square = 8$

$7 + \square = 10$

$5 + \square = 5$

$1 + \square = 4$

$5 + \square = 10$

B

★ gemeinsam mit einem Partnerkind Ergänzungsaufgaben handelnd lösen
★ SF: den Begriff „Ergänzungsaufgabe" kennenlernen
★ Ergänzungsaufgaben mithilfe von Punktebildern lösen

1 $8 + \boxed{2} = 10$

$4 + \boxed{} = 9$

$5 + \boxed{} = 8$

$3 + \boxed{} = 7$

$5 + \boxed{} = 6$

$1 + \boxed{} = 5$

$4 + \boxed{} = 10$

$2 + \boxed{} = 4$

2 $3 + \boxed{2} = 5$ $2 + \boxed{} = 6$ $7 + \boxed{} = 9$

$4 + \boxed{} = 5$ $3 + \boxed{} = 6$ $6 + \boxed{} = 9$

$5 + \boxed{} = 5$ $4 + \boxed{} = 6$ $5 + \boxed{} = 9$

★ Ergänzungsaufgaben mithilfe von Punktebildern lösen
★ Ergänzungsaufgaben lösen
★ Muster erkennen und nutzen

D 25   ÜH 16   B   **17**

7 + 3 = 10

2

9 + **1** = 10

5 + ☐ = 10

2 + ☐ = 10

6 + ☐ = 10

7 + ☐ = 10

10 + ☐ = 10

3

☐ + 7 = 10

☐ + 2 = 10

★ mit Fingerbildern zur 10 ergänzen
★ Ergänzungsaufgaben nach Vorgabe zeichnerisch darstellen und lösen

Immer 10.

Verliebte Zahlen.

1
☐ + 7 = 10

☐ + 6 = 10

☐ + 2 = 10

☐ + 5 = 10

☐ + 9 = 10

2

☐ + 3 = 10

☐ + 5 = 10

☐ + 1 = 10

☐☐ + 0 = 10

☐ + 8 = 10

☐ + 4 = 10

3

2 + 3 + ☐ = 10

6 + 1 + ☐ = 10

3 + 7 + ☐ = 10

4 + 2 + ☐ = 10

2 + 7 + ☐ = 10

5 + 3 + ☐ = 10

1

	hinter		hinter		hinter
	☒ hinter		○ hinter		○ hinter
	○ vor		○ vor		○ vor

2

	○ über		○ über		○ über
	○ auf		○ auf		○ auf
	☒ unter		○ unter		○ unter

★ SF: Lagebeziehungen „hinter", „vor" sowie „über", „auf", „unter" erkennen und benennen

1

Der Würfel ist **oben** im Regal.

Die Kegel sind **unten** im Regal.

oben

Mitte

unten

2

★ SF: Lagebeziehungen „oben", „in der Mitte", „unten" erkennen und benennen
★ Elemente an vorgegebener Stelle ins Regal einordnen

21

★ **SF:** die Begriffe „links" und „rechts" kennenlernen und verwenden
★ Elemente an vorgegebener Stelle im Bild einzeichnen

Hebe dein rechtes Bein.

links   rechts

★ **SF:** die Begriffe „links" und „rechts" unterscheiden und verwenden

1

2

D 28

★ **SF:** die Begriffe „links" und „rechts" aus zwei verschiedenen Perspektiven zuordnen und verwenden

1

Der Bagger steht oben links.

2

	oben	links	rechts
	☒ oben	○ links	○ rechts
	○ unten	☒ Mitte	

	○ oben	○ links	○ rechts
	○ unten	○ Mitte	

	○ oben	○ links	○ rechts
	○ unten	○ Mitte	

	○ oben	○ links	○ rechts
	○ unten	○ Mitte	

	○ oben	○ links	○ rechts
	○ unten	○ Mitte	

	○ oben	○ links	○ rechts
	○ unten	○ Mitte	

1

★ SF: Grundsituationen der Subtraktion im Bild finden und beschreiben
★ SF: weitere Situationen aus dem eigenen Alltag beschreiben

4 minus 1 ist gleich 3.

1

__5__ minus __2__ ist gleich __3__ .

| 5 | − | 2 | = | 3 |

__6__ minus __3__ ist gleich _____ .

☐ − ☐ = ☐

__3__ minus __1__ ist gleich _____ .

☐ − ☐ = ☐

__4__ minus __2__ ist gleich _____ .

☐ − ☐ = ☐

1

2

★ **SF:** Handlungen in Bildsituationen beschreiben
★ Bildsituationen in Punktebilder am Zehnerfeld übertragen
★ zu vorgegebenem Punktebild Handlung finden und zeichnen

1

$$7 - 3 = 4$$

$$\square - \square = \square$$

$$\square - \square = \square$$

$$\square - \square = \square$$

2

$$5 - 2 = \square$$

★ **SF:** abgebildete Vorgänge beschreiben
★ Bildsituationen in Punktebilder und Minusaufgaben übertragen
★ zu vorgegebenem Punktebild und vorgegebener Minusaufgabe Vorgang finden und zeichnen

29

2

$4 - 3 = 1$

$7 - \square = \square$

$\square - \square = \square$

$\square - \square = \square$

$\square - \square = \square$

$\square - \square = \square$

$\square - \square = \square$

$\square - \square = \square$

B   ÜH 19

★ mit einem Partnerkind Minusaufgaben handelnd lösen
★ vorgegebene Punktebilder in Minusaufgaben übertragen

1 | 6 – 4 = ☐

5 – 2 = ☐

4 – 3 = ☐

5 – 4 = ☐

10 – 1 = ☐

4 – 0 = ☐

8 – 3 = ☐

10 – 7 = ☐

6 – 2 = ☐

9 – 3 = ☐

3 – 3 = ☐

★ Minusaufgaben in Punktebilder übertragen
★ Punktebilder als Lösungshilfe nutzen

2

5 – 1 =	7 – 2 =
4 – 3 =	8 – 6 =
9 – 4 =	9 – 5 =
10 – 3 =	8 – 2 =
4 – 4 =	5 – 0 =
6 – 2 =	9 – 6 =
10 – 1 =	6 – 3 =
8 – 5 =	7 – 5 =
9 – 9 =	10 – 5 =

3

 – = – =

★ Minusaufgaben mit Rechenkärtchen üben
★ Minusaufgaben lösen, ggf. Zehnerfeld und Plättchen nutzen
★ eigene Minusaufgaben finden

B

4

5

6

7

4	–	1	=	3	1 0	– 1 =	
6	–	5	=		8	– 5 =	
5	–	3	=		7	– 4 =	

★ Aufgaben in Zahlenmauern finden und lösen
★ Muster in Zahlenmauern entdecken
★ Hefteintrag üben, auf stellengerechte Schreibweise achten

ÜH 20   **33**

Zu jeder Minusaufgabe finde ich 4 Nachbaraufgaben.

$4 - 2 = 2$

$5 - 1 = 4$

$5 - 2 = 3$

$6 - 2 = 4$

$5 - 3 = 2$

1

$7 - 2 = \boxed{}$

$8 - 1 = \boxed{}$

$8 - 2 = 6$

$8 - 2 = 6$

$9 - 2 = \boxed{}$

$8 - 3 = \boxed{}$

2

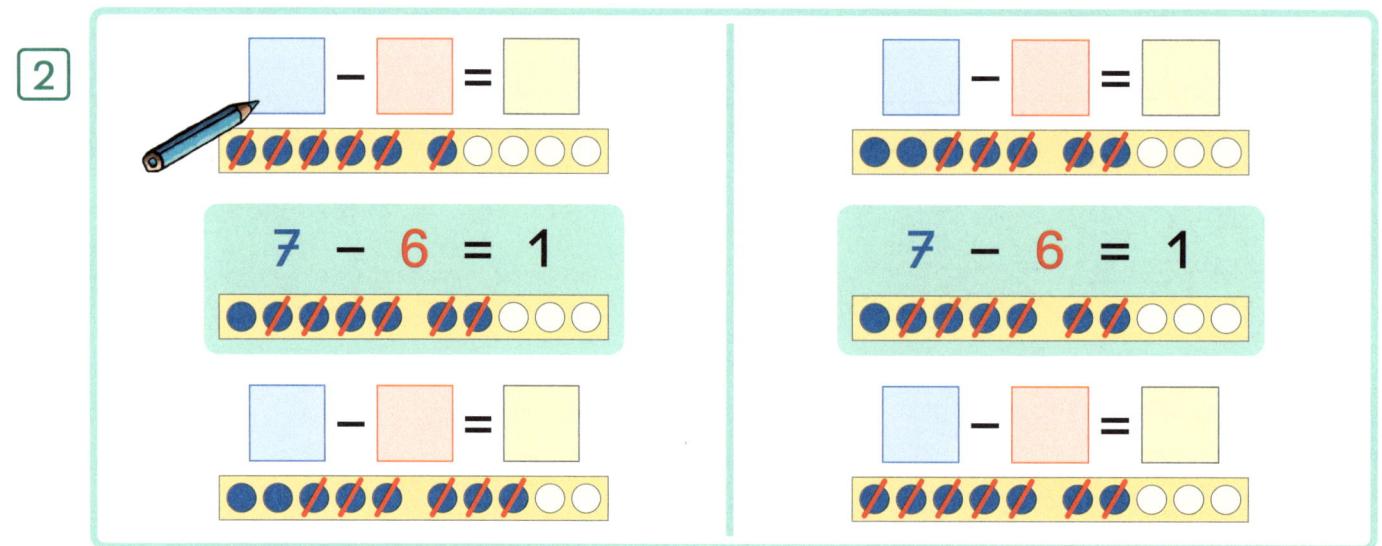

$\boxed{} - \boxed{} = \boxed{}$

$\boxed{} - \boxed{} = \boxed{}$

$7 - 6 = 1$

$7 - 6 = 1$

$\boxed{} - \boxed{} = \boxed{}$

$\boxed{} - \boxed{} = \boxed{}$

 B ÜH 21

★ **SF:** den Begriff „Nachbaraufgabe" verwenden
★ Nachbaraufgaben lösen ★ Strukturen von Nachbaraufgaben verstehen
★ ggf. Aufgaben mit Zehnerfeld und Plättchen legen

Hier kannst du etwas entdecken.

1

8 − 3 = ☐

8 − 4 = ☐

8 − 5 = ☐

9 − 5 = ☐

9 − 6 = ☐

9 − 7 = ☐

2

5 − 3 = ☐

6 − 3 = ☐

7 − 3 = ☐

8 − 5 = ☐

9 − 5 = ☐

10 − 5 = ☐

3

4 − 2 = ☐

5 − 3 = ☐

6 − 4 = ☐

8 − 4 = ☐

9 − 5 = ☐

10 − 6 = ☐

4

7 − 3 = ☐

7 − 4 = ☐

7 − 5 = ☐

☐ − ☐ = ☐

6 − 3 = ☐

7 − 3 = ☐

8 − 3 = ☐

☐ − ☐ = ☐

★ Strukturen von Aufgabenreihen erkennen
★ Aufgabenreihen fortsetzen

1

5 minus 2
ist gleich 3.

5 – ☐ = 3 ist eine
Ergänzungsaufgabe.

2

5 – **2** = 3

4 – ☐ = 3

10 – ☐ = 2

3 – ☐ = 1

10 – ☐ = 7

9 – ☐ = 5

7 – ☐ = 3

2 – ☐ = 0

★ gemeinsam mit einem Partnerkind Ergänzungsaufgaben lösen
★ SF: den Begriff „Ergänzungsaufgabe" nutzen
★ Ergänzungsaufgaben mithilfe von Punktebildern lösen

1   $6 - \boxed{2} = 4$

$8 - \boxed{} = 4$

$7 - \boxed{} = 2$

$3 - \boxed{} = 0$

$10 - \boxed{} = 5$

$5 - \boxed{} = 1$

$8 - \boxed{} = 7$

$9 - \boxed{} = 6$

2   $5 - \boxed{1} = 4$ $6 - \boxed{} = 2$ $8 - \boxed{} = 3$

$5 - \boxed{} = 3$ $6 - \boxed{} = 1$ $8 - \boxed{} = 4$

$5 - \boxed{} = 2$ $6 - \boxed{} = 0$ $8 - \boxed{} = 5$

★ Ergänzungsaufgaben mithilfe von Punktebildern lösen
★ Ergänzungsaufgaben lösen
★ Muster erkennen und nutzen

D 30   ÜH 22   B   **37**

1

★ Linien mit dem Lineal zeichnen
★ sachgerechten Umgang mit dem Lineal lernen und üben

1

• 4

• 5 1 3 •

9 • 10 2 3

• 8 4 •

6 •

7 • 5 •

1 2

6

★ vorgegebene Punkte mit dem Lineal verbinden
★ Lineal richtig anlegen

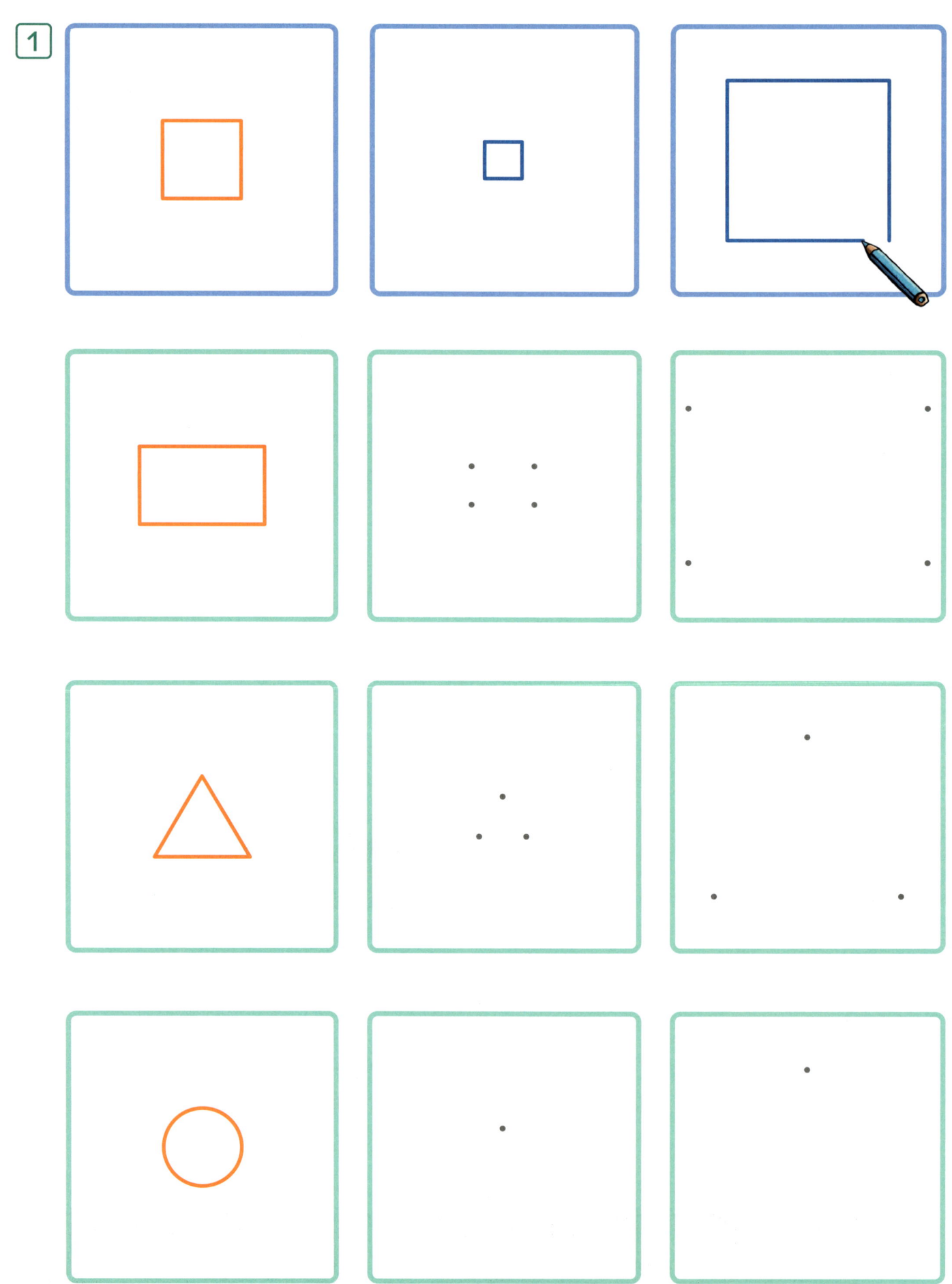

1

★ vorgegebene Figuren verkleinert und vergrößert frei zeichnen

2

$$4 + 2 = 6$$

$$6 - 2 = 4$$

2 Autos kommen **dazu**.

2 Autos fahren **weg**.

$4 + 2 = 6$ und
$6 - 2 = 4$ sind
Umkehraufgaben.

1

☐ + ☐ = ☐

☐ − ☐ = ☐

☐ − ☐ = ☐

☐ + ☐ = ☐

★ SF: Umkehraufgaben anhand abgebildeter Vorgänge beschreiben
★ SF: den Begriff „Umkehraufgabe" verwenden
★ Bildsituationen in Umkehraufgaben übertragen

1

$6 \xrightarrow{+1} \atop \xleftarrow{-1} 7$

$6 + 1 = 7$
$7 - 1 = \boxed{}$

$3 \xrightarrow{+2} \atop \xleftarrow{-2} 5$

$\boxed{} + \boxed{} = \boxed{}$
$\boxed{} - \boxed{} = \boxed{}$

$4 \xrightarrow{+4} \atop \xleftarrow{-4} 8$

$\boxed{} + \boxed{} = \boxed{}$
$\boxed{} - \boxed{} = \boxed{}$

2

$5 \xrightarrow{+3} \atop \xleftarrow{-3} 8$

$5 + 3 = 8$
$8 - 3 = \boxed{}$

$3 \xrightarrow{+6} \atop \xleftarrow{-6} \boxed{}$

$\boxed{} + \boxed{} = \boxed{}$
$\boxed{} - \boxed{} = \boxed{}$

$4 \xrightarrow{+2} \atop \xleftarrow{-2} \boxed{}$

$\boxed{} + \boxed{} = \boxed{}$
$\boxed{} - \boxed{} = \boxed{}$

3

$\boxed{} \xrightarrow{+3} \atop \xleftarrow{-3} 7$

$7 - 3 = \boxed{}$
$\boxed{} + \boxed{} = \boxed{}$

$\boxed{} \xrightarrow{+5} \atop \xleftarrow{-5} 8$

$\boxed{} - \boxed{} = \boxed{}$
$\boxed{} + \boxed{} = \boxed{}$

$\boxed{} \xrightarrow{+4} \atop \xleftarrow{-4} 4$

$\boxed{} - \boxed{} = \boxed{}$
$\boxed{} + \boxed{} = \boxed{}$

4

$5 + 4 = \boxed{}$
$9 - 4 = \boxed{}$

$3 + 3 = \boxed{}$
$\boxed{} - \boxed{} = \boxed{}$

$2 + 7 = \boxed{}$
$\boxed{} - \boxed{} = \boxed{}$

★ Umkehraufgaben ablesen und notieren
★ Umkehraufgaben bilden

1

2 + 8 = 10
und
8 + 2 = 10

10 − 2 = 8
und
10 − 8 = 2

Hier helfen **Tauschaufgaben** und **Umkehraufgaben**.

2

5 **7** 2

5	+	2	=	7
2	+		=	7
7	−	2	=	
7	−		=	

5 4 9

	+		=	
	+		=	
	−		=	
	−		=	

3

4 2 ☐

	+		=	
	+		=	
	−		=	
	−		=	

3 9 ☐

	+		=	
	+		=	
	−		=	
	−		=	

B   ÜH 26

★ mit drei Zahlen zwei Plus- und zwei Minusaufgaben bilden
★ Kenntnisse über Tausch- und Umkehraufgaben anwenden
★ **SF:** bei der Partnerarbeit die Begriffe „Tauschaufgabe" und „Umkehraufgabe" verwenden

Du kannst die Aufgaben auch zuerst legen.

1

$1 + 6 = 7$

$4 + 5 = \boxed{}$

$5 + 3 = \boxed{}$

$2 + 4 = \boxed{}$

$7 - 4 = \boxed{}$

$8 - 8 = \boxed{}$

$6 - 1 = \boxed{}$

$10 - 5 = \boxed{}$

2

$6 + \boxed{} = 9$

$7 + \boxed{} = 8$

$2 + \boxed{} = 6$

$4 + \boxed{} = 7$

$10 - \boxed{} = 1$

$9 - \boxed{} = 4$

$7 - \boxed{} = 5$

$8 - \boxed{} = 2$

3

$2 + 3 + 4 = \boxed{}$

$3 + 3 + 2 = \boxed{}$

$4 + 3 + 0 = \boxed{}$

$7 - 1 - 5 = \boxed{}$

$8 - 4 - 2 = \boxed{}$

$10 - 6 - 1 = \boxed{}$

★ Plus- und Minusaufgaben mit zwei und drei Zahlen lösen
★ Ergänzungsaufgaben lösen
★ ggf. Zehnerfeld und Plättchen als Hilfsmittel nutzen

ÜH 27   B   45

1

2

3 + 2 = ☐   5 + 3 = 8   3 − 1 = ☐

4 + 3 = ☐   6 − 2 = ☐   5 − 2 = ☐

★ passende Rechenzeichen zu den Bildern finden
★ Bildern passende Aufgaben zuordnen und Aufgaben lösen

+ oder – ?

1

$6 \;(+)\; 3 = 9$

$4 \;\bigcirc\; 4 = 8$

$7 \;\bigcirc\; 3 = 4$

$2 \;\bigcirc\; 5 = 7$

$4 \;\bigcirc\; 2 = 2$

$9 \;\bigcirc\; 8 = 1$

$3 \;\bigcirc\; 5 = 8$

$5 \;\bigcirc\; 3 = 2$

$8 \;\bigcirc\; 8 = 0$

$8 \;\bigcirc\; 2 = 10$

$6 \;\bigcirc\; 3 = 9$

$6 \;\bigcirc\; 5 = 1$

2

$3 \;(-)\; \boxed{2} = 1$

$8 \;\bigcirc\; \square = 3$

$5 \;\bigcirc\; \square = 8$

$7 \;\bigcirc\; \square = 3$

$1 \;\bigcirc\; \square = 2$

$3 \;\bigcirc\; \square = 10$

$4 \;\bigcirc\; \square = 10$

$7 \;\bigcirc\; \square = 0$

$2 \;\bigcirc\; \square = 8$

$3 \;\bigcirc\; \square = 5$

$8 \;\bigcirc\; \square = 2$

$2 \;\bigcirc\; \square = 0$

★ + oder – passend einsetzen
★ + oder – sowie passende Zahl einsetzen
★ ggf. Zehnerfeld und Plättchen als Hilfsmittel nutzen

3 + 2 = 5
3 + 4 = 7

1

+	2	0	1
7	9		

+	1	5	3	2
4				

2

−	1	3	5
5	4		

−	3	2	6	9
10				

3

+	1	3	0	2
5				
6				

−	2	5	3	4
8				
6				

4

+	2		3	4
2		9		
3				

−		4	3	1
7	5			
9				

★ Plus- und Minusaufgaben in Rechentabellen lösen
★ fehlende Zahlen in Rechentabellen ergänzen

1

2

3

4

★ Aufgaben in Zahlenmauern finden und lösen
★ Zahlenmauern vervollständigen

Würfel sind besondere Quader.

Würfel

Quader

Kugel

1

★ SF: geometrische Körper benennen
★ SF: geometrische Körper beschreiben – Begriffe „Ecke", „Kante", „Fläche" nutzen
★ geometrische Körper in der Umwelt entdecken

Würfel **Quader** **Kugel**

2

★ geometrische Körper in komplexen Abbildungen erkennen
★ nach Vorgabe ausmalen
★ jeweils Anzahlen verwendeter geometrischer Körper bestimmen

ÜH 29 **51**

★ Flächenformen von Quadern und Würfeln abbilden
★ Flächenformen zuordnen

1

1

Das ist ein Quader.

Das ist ein Würfel.

2

D 38

★ verschiedene Würfelbauten, auch Quader und Würfel, bauen
★ Quader und Würfel identifizieren

Themenheft 2

⭐ Rechnen bis 10 ⭐ Lagebeziehungen
⭐ Linien und Figuren zeichnen ⭐ Körper

Erarbeitet von: Roland Bauer und Jutta Maurach

Redaktion: Sophie Arndt, Friederike Thomas

Illustration: Yo Rühmer

Umschlaggestaltung: Cornelia Gründer, agentur corngreen, Leipzig

Layout und technische Umsetzung: lernsatz.de

Begleitmaterialien für Lernende der ersten Klasse

Einstern 1 Paket Verbrauchsmaterial   978-3-06-084657-3
Einstern 1 *leicht gemacht* Paket Verbrauchsmaterial   978-3-06-084658-0
Übungssternchen   978-3-06-084656-6

 Deine **interaktiven Gratis-Übungen** findest du hier:

1. Gehe auf scook.de.
2. Gib den unten stehenden Zugangscode in die Box ein.
3. Hab viel Spaß mit deinen Gratis-Übungen.

Dein Zugangscode auf
www.scook.de | n88sh-5vfp8

www.cornelsen.de

1. Auflage, 3. Druck 2022

Alle Drucke dieser Auflage sind inhaltlich unverändert
und können im Unterricht nebeneinander verwendet werden.

© 2021 Cornelsen Verlag GmbH, Berlin

Druck: H. Heenemann, Berlin

ISBN 978-3-06-084646-7
ISBN 1100027539 (Themenhefte 1–4 *leicht gemacht* und Diagnose-Sternchen als E-Book)

PEFC zertifiziert
Dieses Produkt stammt aus nachhaltig bewirtschafteten Wäldern und kontrollierten Quellen.
www.pefc.de

PEFC/04-31-1156

Vorschläge für Plenumsphasen zum vertiefenden Erwerb prozessbezogener Kompetenzen

S. 4/5 Kinder erkennen und beschreiben im Bild dargestellte Grundsituationen der Addition; sie versprachlichen diese auch schrittweise in der Form, die den Stellen der Addition entspricht: „Zu Beginn …", „Dann [passendes Verb] dazu.", „Zusammen sind es …" (→BigBook: Seite 12)

S. 7/29 Kinder beschreiben bildlich dargestellte Sachsituationen und zeigen den Zusammenhang zu Punktebildern und Rechenoperationen auf

S. 11/33 Kinder besprechen ihre Entdeckungen zum Aufbau und zur Struktur von Zahlenmauern: „Wenn ein Basisstein …, dann wird der Zielstein …"

S. 12 Kinder beschreiben die Eigenschaften von Tauschaufgaben und erkennen anhand ausgewählter Beispielaufgaben deren Nutzen als Rechenvorteil

S. 14/15/ Kinder beschreiben die Systematik von Nachbaraufgaben und unterschiedlichen Aufgabenreihen, auch im
34/35 Zusammenhang mit Ergebnissen

S. 24 Kinder entdecken, dass sich Lagebezeichnungen „rechts von" und „links von" jeweils auf die Perspektive des Betrachters beziehen; Kinder übertragen ihre Kenntnisse auf Beschreibungen im Klassenzimmer (→BigBook: Seite 14)

S. 26/27 Kinder erkennen und beschreiben im Bild dargestellte Grundsituationen der Subtraktion; sie versprachlichen diese auch schrittweise in der Form, die den Stellen der Subtraktion entspricht: „Zu Beginn waren es …", „Dann [passendes Verb] …", „Am Ende sind es noch …" (→BigBook: Seite 16)

S. 42 Kinder beschreiben zunächst die Umkehrbarkeit von Handlungen an Beispielen und übertragen diese dann auf entsprechende Rechenoperationen (Umkehraufgaben)

S. 50 Kinder ordnen mitgebrachte Verpackungen den geometrischen Körperformen „Würfel", „Quader", „Kugel" zu und beschreiben deren Eigenschaften; insbesondere Gemeinsamkeiten und Unterschiede von Würfeln und Quadern. Durch die Definition des Quaders: „Jeweils zwei gegenüberliegende Flächen sind gleich", ergibt sich, dass der Würfel mit seinen sechs gleichen Flächen ein besonderer Quader ist. (→BigBook: Seite 18)

Vorschläge für die Förderung von Medienkompetenz

S. 4 Kinder halten Grundsituationen der Addition auf Fotos/in kurzen Videos fest und archivieren ihre Werke

S. 26 Kinder halten Grundsituationen der Subtraktion auf Fotos/in kurzen Videos fest und archivieren ihre Werke

S. 41 Kinder nehmen beim Zeichnen von Figuren Schablonen zur Hilfe

S. 50 Kinder gestalten eine Ausstellung mit konkreten Gegenständen oder Plakate zu den einzelnen geometrischen Körpern mit selbst gemachten Fotos oder recherchierten Abbildungen (mögliche Quellen: Werbeprospekte, Internet …)

Synopse zu den Medienkompetenzbereichen

Suchen, Verarbeiten und Aufbewahren	S. 4, 26, 50
Produzieren und Präsentieren	S. 41, 50
Problemlösen und Handeln	S. 4, 15, 26, 35